Literatura e sociedade

Coleção **PASSO-A-PASSO**

CIÊNCIAS SOCIAIS PASSO-A-PASSO
Direção: Celso Castro

FILOSOFIA PASSO-A-PASSO
Direção: Denis L. Rosenfield

PSICANÁLISE PASSO-A-PASSO
Direção: Marco Antonio Coutinho Jorge

Ver lista de títulos no final do volume

Adriana Facina

Literatura e sociedade

ZAHAR

Capa
Sérgio Campante

CIP-Brasil. Catalogação na fonte
Sindicato Nacional dos Editores de Livros, RJ

F127l Facina, Adriana, 1971-
Literatura e sociedade / Adriana Facina. — 1ª ed. — Rio de Janeiro: Zahar, 2004.
(Ciências sociais passo-a-passo)
Inclui bibliografia
ISBN 978-85-7110-809-7

1. Literatura e sociedade. I. Título. II. Série.

04-1899
CDD: 306.4
CDU: 316.74:82

EDITORA SCHWARCZ S.A.
Praça Floriano, 19, sala 3001 — Cinelândia
20031-050 — Rio de Janeiro — RJ
Telefone: (21) 3993-7510
www.companhiadasletras.com.br
www.blogdacompanhia.com.br
facebook.com/editorazahar
instagram.com/editorazahar
twitter.com/editorazahar

FSC
www.fsc.org
MISTO
Apoiando o manejo florestal responsável
FSC® C128038

A marca FSC® é a garantia de que a madeira utilizada na fabricação do papel deste livro provém de florestas que foram gerenciadas de maneira ambientalmente correta, socialmente justa e economicamente viável, além de outras fontes de origem controlada.

Esta obra foi composta por TopTextos Edições Gráficas em Minion e Frutiger e impressa em processo sob demanda pela Um Livro sobre papel offset para a Editora Schwarcz a partir de 2024

Sumário

Introdução

A idéia deste livro é propor algumas reflexões sobre a relação entre literatura e sociedade, a partir da ótica das ciências sociais. De quais maneiras a literatura pode ser utilizada como fonte para o estudo das sociedades? Como fazer da criação literária objeto de pesquisas em ciências sociais? Essas são algumas das questões que serão discutidas aqui. As proposições que as leitoras e leitores encontrarão ao longo deste trabalho são apenas algumas respostas, entre as muitas outras possíveis, que sugerem conceitos e cuidados metodológicos que considero fundamentais.

Em primeiro lugar, é importante que se esclareça o que se quer dizer aqui quando se menciona o termo "literatura". Basicamente, estou me referindo àquele campo das letras que conquistou certa autonomia e especialização no mundo contemporâneo, destacando-se do que se costumava denominar "belas letras" e que incluía, além da poesia e do romance, a filosofia, a história, o ensaio político ou religioso. Essa redefinição de fronteiras é um processo que se consolida com força particular a partir de 1848, quando a derrota da onda revolucionária que varreu a Europa, e que ficou conhecida como a "Primavera dos Povos", impôs um questionamento das relações entre literatura e política e estimulou o surgimento do escritor, entendido como alguém cuja principal função é a experiência com a linguagem. É através da linguagem que o escritor se apropria do mundo e inventa a sua própria realidade. Outro fator importante para essa caracterização do campo literário foi o crescimento da imprensa jornalística e da publicação de livros na Europa no século XIX. Muitos desses escritores se tornaram profissionais, ou seja, passaram a viver do trabalho de escrever para um mercado literário que surgia e que consumia as suas obras, principalmente na forma dos folhetins que eram publicados nos jornais diários. Esse público que se amplia na esteira dos processos de industrialização e de urbanização, frutos da revolução industrial, demandava cada vez mais as histórias escritas por autores como Charles Dickens, Honoré de Balzac, Alexandre Dumas, entre outros. Muitas dessas histórias eram acompanhadas pelos seus leitores, e particularmente pelas suas leitoras, com um interesse semelhante ao do público das novelas televisivas de hoje, cada capítulo sendo aguardado ansiosamente. O sucesso comercial do que esses autores escreviam dependia de sua capacidade em "prender" o público. Portanto, o seu processo de criação era, em grande medida, determinado pela necessidade de agradar ao público leitor.

O que estou chamando de literatura neste livro é, então, esse conjunto de escritos, geralmente ficcionais, que sofreu o processo de autonomização acima descrito. As suas formas são muito variadas: crônicas, romances, poesias, peças teatrais etc. Mas há em comum entre essas diferentes formas o fato de que seus autores são considerados escritores, ou seja, um tipo específico de intelectual cujo trabalho envolve necessariamente a preocupação estética com a linguagem. Seja um defensor da "arte pela arte", mais preocupado com a experimentação formal do que com a transformação da sociedade, seja um autor engajado, que vê na sua obra um instrumento para mudar o mundo, ambos veiculam idéias, valores e opiniões através de um tipo de escrita em que forma e conteúdo são indissociáveis.

Essa definição de literatura é bastante simplificada, mas serve aos propósitos de pensar a criação literária a partir do viés específico das ciências sociais. Estamos lidando com um fenômeno marcado por uma certa aura de sacralidade, pois muitos desses autores são vistos como gênios e suas obras, como clássicos universais, produtos de seus talentos individuais. É inegável que há um senso comum que tende a naturalizar os critérios que ajudaram a consagrar determinados autores e obras, ou a condenar tantos outros ao esquecimento. Nesse sentido, é necessário para aqueles que pesquisam literatura e literatos historicizar radicalmente seu objeto. Por mais que autores como Dostoiévski tenham muito a dizer à nossa época, sua obra é fruto de seu tempo e, portanto, é historicamente situada.

E também os escritores são produtos de sua época e de sua sociedade. Desse modo, mesmo o artista mais consagrado, considerado alguém dotado de um talento especial que o destaca dos outros seres humanos, é sempre um indivíduo de carne e osso, sujeito aos condicionamentos que seu pertencimento de classe, sua origem étnica, seu gênero e o processo histórico do qual é parte lhe impõem. Sua capacidade criativa se desenvolve num campo de possibilidades que limita a sua liberdade de escolha. Nessa perspectiva, faz pouco sentido afirmar coisas do tipo "tal escritor estava à frente de seu tempo", pois, ainda que não seja compreendida ou admirada em sua época e só venha a ser consagrada posteriormente, toda criação literária é um produto histórico, produzido numa sociedade específica, por um indivíduo inserido nela por meio de múltiplos pertencimentos.

É preciso, assim, dessacralizar a criação literária, destacando a sua dimensão histórico-sociológica e rejeitando a perspectiva idealista que vê a literatura, ou mesmo a arte como um todo, como uma esfera da atividade humana completamente autônoma em relação às condições materiais de sua produção. Não se trata de negar a existência do talento individual, ou do gênio criador, mas sim de considerá-la parte da dinâmica social e, portanto, passível de ser analisada racionalmente.

Para desenvolver esses argumentos, optei por enfatizar alguns temas fundamentais à nossa discussão. Em primeiro lugar, como a literatura é um produto cultural, temos de refletir um pouco acerca da noção de cultura e da relação entre cultura e sociedade. Sem ter a intenção, obviamente, de esgotar o tema, que é muito amplo, apresentarei alguns pontos que considero importantes.

Em seguida, exporei algumas questões relacionadas às funções sociais de artistas e intelectuais. Como defini-los? Como caracterizar seus trabalhos? Como situá-los histórica e socialmente? Os artistas e intelectuais formam uma categoria social autônoma ou suas idéias são derivadas de sua origem social? Veremos como autores do campo do pensamento social buscaram responder, de modos diferentes, a essas questões.

Por fim, proporei algumas idéias sobre o uso da literatura em pesquisas em ciências sociais, com destaque para a história e a antropologia, com sugestões de cunho metodológico elaboradas com base nas reflexões aqui apresentadas.

Cultura e sociedade

Cultura é uma noção complexa cuja origem etimológica remete ao trabalho agrícola, ao cultivo do campo. Essa transposição do termo, das atividades agrícolas para os indivíduos, implica a idéia de que a cultura não é algo inato, natural nos seres humanos, mas sim alguma coisa que deve ser cultivada, que é adquirida e que envolve um processo de formação.

A partir do século XVIII, esse significado de "cultura" ganhou uma grande relevância no contexto dos estados alemães, em oposição à noção de civilização. Norbert Elias discute a sociogênese da diferença entre *Kultur* e *Zivilisation* no emprego alemão. Para esse autor, o conceito de civilização refere-se a uma grande variedade de coisas e traduz a consciência que a sociedade ocidental, desde o século XVIII, tem de si mesma, julgando-se superior a sociedades mais antigas ou às consideradas "primitivas". Mas, enquanto ingleses e franceses expressam com o termo "civilização" o orgulho do progresso de suas respectivas nações, para os alemães ele se remete à aparência externa dos seres humanos e não à sua essência.

Ainda de acordo com a tipologia proposta por Elias, o conceito francês ou inglês de civilização pode referir-se a fatos políticos ou econômicos, religiosos ou técnicos, morais ou sociais e também a atitudes e comportamentos. "Civilização" descreve sempre um processo ou o resultado de um processo, partindo da premissa de que as sociedades se movem constantemente para frente, em direção ao progresso. Nesse sentido, trata-se de um conceito fortemente universalista e que se relaciona ao expansionismo colonialista de povos cujas fronteiras e identidades nacionais já são bem definidas.

Já "cultura" diz respeito a fatos intelectuais, artísticos e religiosos, implicando necessariamente realizações. O conceito refere-se a produtos humanos, tais como obras de arte, livros, sistemas religiosos ou filosóficos, através dos quais se traduz a individualidade de um povo. Diferentemente de civilização, portanto, é um conceito que delimita e que dá ênfase às diferenças nacionais e às identidades particulares de grupos. A principal preocupação é com o estabelecimento de fronteiras e identidades.

Esses conceitos, que Elias considera auto-imagens nacionais, têm a sua gênese na dinâmica das sociedades germânica e francesa do século XVIII. No contexto alemão, havia uma oposição entre, de um lado, uma nobreza cortesã que tinha a França como principal referência de civilidade e que, por isso, via o uso da língua francesa como símbolo de civilização e, de outro lado, uma *intelligentsia* que procurava dar expressão literária e artística à língua alemã, buscando uma legitimação social baseada em realizações intelectuais, científicas ou artísticas e não em padrões de interação social pautados pela idéia de civilidade. Para essa *intelligentsia*, que o autor define ora como burguesa, ora como de classe média, a cortesia externa pouco tinha a ver com a virtude autêntica.

Desse modo, na sua origem, o termo *Kultur* expressava a auto-imagem da camada intelectual alemã, traçando uma distinção nítida entre a esfera espiritual (a única de valor autêntico) e a esfera política, econômica e social. Mas embora essa perspectiva, que opunha ao modelo aristocrático de legitimação social uma valorização das virtudes individuais, atacasse a aristocracia de corte, por outro lado a crítica era voltada basicamente contra seu comportamento, tido como superficial e insincero, e não contra os privilégios políticos e sociais da aristocracia.

Essa antítese, que primeiramente foi social, com a ascensão da burguesia alemã à condição de depositária da consciência da nação tornou-se uma antítese nacional. E a noção de *Kultur* passou a ser referida, no século XIX, às características propriamente alemãs, em contraste com as particularidades de outros povos.

Já na França, de acordo com a argumentação de Elias, a *intelligentsia* burguesa foi atraída para a sociedade cortesã, e houve um processo de aristocratização de círculos burgueses. Isso fez com que, no século XVIII, as diferenças de costumes entre os principais grupos burgueses e a aristocracia de corte fossem consideravelmente menores do que na Alemanha.

Essa *intelligentsia* reformista francesa, portanto, compartilhava dos padrões cortesãos que definiam a civilização, não como estado e sim como processo a seguir. Ao contrário do que ocorria na Alemanha, as críticas dessa categoria social voltavam-se para os privilégios da corte e para a política cortesã, e não para os costumes da aristocracia.

Raymond Williams também analisa a oposição entre civilização e cultura que se constitui a partir do século XVIII. Civilização era uma palavra nova, que possuía dois significados principais naquele contexto do Século das Luzes: "Um Estado realizado, que se podia contrastar com a 'barbárie', mas também agora um estado realizado de desenvolvimento, que implicava processo histórico e progresso." Se há um lado positivo nessa concepção, que entende a história como mudança, como processo conduzido pelos próprios seres humanos, em contraposição a concepções mais estáticas baseadas em pressupostos religiosos ou metafísicos, por outro lado tomava-se como parâmetro evolutivo a França e a Inglaterra, civilizações consideradas como já consolidadas. Como metrópoles coloniais, esses países tornavam-se modelo de uma racionalidade da história que deveria se expandir, fazendo triunfar seus valores nas áreas "menos civilizadas" do globo.

Até fins do século XVIII, diz Williams, civilização e cultura eram termos intercambiáveis. Porém, a partir das obras de Jean-Jacques Rousseau e também no movimento romântico, foi elaborada uma crítica à civilização como sinônimo de superficialidade e artificialidade, de valorização de aspectos exteriores da convivência social, como a polidez e a etiqueta, em detrimento do desenvolvimento da interioridade, do cultivo dos impulsos humanos mais profundos e mais próximos ao estado natural. A cultura passou a ser associada à vida interior, à subjetividade, às singularidades individuais, expressando-se nas "obras do espírito", em especial as artes e a literatura.

Outro desenvolvimento importante da noção de cultura se deu no romantismo alemão, quando, em reação ao universalismo iluminista, autores como Gottfried Herder propõem que a história da humanidade deve compreender a diversidade entre os povos e as suas especificidades. Cada povo teria a sua própria história e a sua própria cultura. Portanto, o mais correto seria falar de culturas no plural, remetendo à idéia de "um processo social fundamental que modela 'modos de vida' específicos e distintos".

A partir dessas análises de Elias e Williams, pode-se afirmar que, nesses contextos, a noção de cultura indicaria o desenvolvimento dos indivíduos no sentido de sua formação (*Bildung*), enquanto a de civilização apontaria para progressos coletivos potencialmente universalizáveis. Portanto, nos termos dessa matriz intelectual romântica germânica, a cultura de um povo seria expressão de sua individualidade, de suas particularidades, e não universal. Cada povo teria um espírito, um gênio próprio, que se expressaria nas realizações individuais nos campos artístico, intelectual e moral tomadas em seu conjunto.

A antropologia e o conceito de cultura. A antropologia moderna, em especial a corrente filiada ao pensamento de Franz Boas, herdou essa perspectiva de uma pluralidade de culturas. Porém, o significado do termo tendeu a ser ainda mais ampliado, para abarcar não somente o que era considerado "obras do espírito" (como a arte, a literatura, a filosofia), mas também modos de vida, práticas religiosas, rituais, valores e normas que informavam a organização social, entre muitas outras coisas. Em seu embate contra o evolucionismo e as teorias raciais que grassavam nas últimas décadas do século XIX e no início do século XX, os antropólogos lançaram mão da noção de cultura para explicar a diversidade existente entre as sociedades humanas. Assim, essa diversidade, ao invés de ser explicada por critérios biológicos ou ambientais, geralmente marcados por uma hierarquização que valorizava a "raça branca" e a sociedade européia, deveria ser compreendida como fruto das inúmeras culturas dos mais variados povos. Além de negar a possibilidade de se comparar de modo hierarquizado essas culturas, em que algumas seriam consideradas superiores ou mais desenvolvidas do que as outras, essa relativização das diferenças entre as sociedades humanas também aponta para outra questão importante: ao contrário da idéia de "raça", característica tida como inata aos indivíduos, a cultura implica um processo de aprendizado, assim como a capacidade das coletividades humanas de elaborarem e, portanto, transformarem a sua própria história.

A ótica antropológica abriu um campo enorme e fértil para o estudo de fenômenos culturais. No entanto, é preciso evitar alguns problemas trazidos por um certo culturalismo, que tende a simplificar as análises ao englobar toda a dinâmica das sociedades numa suposta "cultura" em abstrato. Esse culturalismo, muito influente hoje nos grandes meios de comunicação, além de rotular como "culturais" todos os costumes ou práticas tidos como exóticos ou estranhos, procura algumas vezes explicar determinados processos históricos bastante complexos com base no que se imagina ser "a cultura" de um povo. Em tempos muito recentes, "a cultura" foi largamente utilizada na imprensa para explicar o uso da burka pelas mulheres afegãs, os ataques suicidas de palestinos a Israel e até mesmo os atentados de 11 de setembro de 2001 nos Estados Unidos. Quando ouvimos falar de "conflitos étnicos" como causas principais da imensa pobreza do continente africano, esse tipo de reducionismo também está presente.

Essa perspectiva subverte radicalmente, em ao menos dois sentidos, o humanismo presente no conceito antropológico de cultura. Em primeiro lugar, a cultura é absolutizada, transformada em uma segunda natureza praticamente imutável, tornando-se a instância determinante para explicar não qualquer fato social, mas preferencialmente aqueles que dizem respeito a agrupamentos humanos considerados estranhos ou, até mesmo, numa versão mais preconceituosa, inferiores. Em segundo lugar, ao invés de apontar para a diversidade e para a pluralidade de aspectos das sociedades humanas, esse tipo de culturalismo cria uma suposta homogeneidade ao descrever "a cultura" de um determinado grupo, ignorando diferenciações fundamentais, assim como a vinculação da cultura com outras dimensões da vida social, como as relações econômicas, por exemplo.

Essa discussão nos remete a outro ponto fundamental das análises sobre a relação entre cultura e sociedade. Quando nos referimos à cultura em abstrato, estamos adotando uma visão idealista acerca dos fenômenos culturais. Simplificando um pouco, a visão idealista acerca da cultura a vê como uma esfera completamente autônoma em relação às outras dimensões da vida humana, regida por regras próprias. Assim, a cultura quase que pairaria sobre a sociedade e seria um todo orgânico e homogêneo. Ainda que se reconheçam os conflitos e as divisões presentes na sociedade, a cultura tenderia a ser um espaço de harmonização e congraçamento, uma dimensão apartada das condições de produção e reprodução material da vida, sendo, portanto, "desinteressada". Em geral, essa perspectiva idealista está associada a uma valorização da cultura como uma esfera mais "nobre" da atividade humana, seja quando se analisa a "alta cultura", tomando a erudição e os padrões de gosto das camadas elitizadas da sociedade como superiores, seja quando se fala em "cultura popular" como expressão da verdadeira "essência de um povo", de suas "raízes" mais profundas. Podemos afirmar, com Raymond Williams, que a separação entre cultura e vida social material tem sido a principal tendência do pensamento cultural idealista.

Materialismo e cultura. Porém, no campo do pensamento materialista também há problemas. Numa certa vertente, por vezes denominada materialismo vulgar ou mecânico, a cultura é reduzida a uma dimensão superestrutural dependente e determinada pela história material. Ao invés da valorização idealista, que "eleva" a cultura acima da reprodução material da vida, essa vertente materialista definiria a cultura como um campo secundário no qual idéias, arte, costumes, crenças etc. simplesmente espelhariam a infraestrutura ou base econômica. Com essa redução, observa Raymond Williams, esse tipo de materialismo inverte o sinal da ótica idealista, mas continua a reproduzir a separação entre cultura e sociedade.

A visão dualista em termos de base e superestrutura tem como conseqüência uma teoria da arte e do conhecimento que busca explicar fenômenos culturais como as idéias, a arte, a literatura e a linguagem enquanto reflexos da base econômica, sem a capacidade de intervir e influenciar na dinâmica desta. Dentro da teoria do reflexo, há uma imensa gama de variações, de argumentos mais reducionistas até elaborações mais complexas. De acordo com Raymond Williams, há pelo menos três vertentes no interior de tal teoria: a arte como reflexo imediato do mundo objetivo; a arte como reflexo não das aparências, mas da realidade por trás delas, das formas constitutivas do mundo; e a arte como reflexo do mundo tal como visto pela mente do artista.

Para que possamos entender melhor essa diferenciação, podemos pensar numa suposta pesquisa que relacionasse Machado de Assis e a cidade do Rio de Janeiro. No primeiro caso, os escritos de Machado poderiam ser vistos como fonte para uma descrição da sociedade carioca de sua época, seus hábitos, seus costumes, suas maneiras de se vestir e se comportar etc. Na segunda vertente, a obra machadiana espelharia as estruturas sociais mais profundas dessa sociedade como, por exemplo, a escravidão e as divisões de classe. Por último, em referência à terceira vertente, podemos imaginar algo como "o Rio de Janeiro de Machado de Assis".

Se na primeira daquelas vertentes há um objetivismo mecanicista, na última prevalece uma ótica subjetivista. Claramente, é na segunda vertente que a teoria do reflexo se apresenta de modo mais complexo. No campo da estética marxista existe uma importante discussão acerca do realismo que envolve a idéia da arte como reflexo da realidade subjacente ao mundo das aparências. Num debate ocorrido nos anos 1930, o pensador marxista húngaro György Lukács e o dramaturgo alemão, e também marxista, Bertolt Brecht defenderam posições bifurcantes acerca da relação arte/realidade. A partir da teoria de Marx sobre o fetichismo da mercadoria, fenômeno característico do capitalismo no qual a mercadoria aparece para a sociedade como uma relação social que exclui seus produtores, tornando-se simplesmente uma relação entre coisas, Lukács desenvolveu uma crítica à consciência reificada (coisificada). Se o capitalismo fragmenta e reifica a vida e a experiência humanas, o pensamento reificado gerado nesse processo é incapaz de perceber a totalidade das relações sociais e econômicas. O papel da arte, em especial da literatura, seria o de reconstruir essa totalidade com as suas contradições, penetrando além de sua aparência superficial.

Para Lukács, somente a boa literatura realista, e não um conteúdo ideológico específico, garantiria a realização dessa tarefa da arte. Ou seja, através da construção de personagens típicos, o realismo crítico teria a capacidade de expor as contradições da sociedade que escapam ao pensamento reificado. E essa capacidade independeria das intenções políticas de seus escritores. Um exemplo importante seria Balzac, que, a despeito de ter sido um legitimista contrário à revolução, simpatizante da igreja e da monarquia, teria composto, de acordo com uma carta escrita por Engels na década de 1880, "uma maravilhosa história realista da 'sociedade' francesa".

Em seu debate com Lukács, que na defesa do realismo criticava duramente a arte de vanguarda, Brecht argumenta que a teoria do realismo era formalista, na medida em que associava a sua escrita a apenas uma forma específica de romance. Para o dramaturgo, o realismo não era uma questão de forma, pois os aspectos formais da escrita teriam de se moldar às necessidades de "apreender a fundo a causalidade social". Assim, Lukács, ao tomar o romance do século XIX como parâmetro definidor do realismo, estaria defendendo como modelo de escrita uma forma inadequada para expressar o momento histórico vivido pelos artistas e pelo público no século XX. Por isso, Brecht propõe uma ampliação do conceito de realismo, pois as transformações históricas exigem mudanças nas maneiras de a arte representá-las. Portanto, as formas literárias são produtos históricos que buscam expressar realidades também históricas, e não elementos universais e atemporais. Assim como para Lukács, também, para Brecht a tarefa da literatura era a de denunciar e expor as contradições da sociedade capitalista. Porém, para o dramaturgo, a maneira de fazê-lo não deveria estar atrelada a uma opção formal predeterminada.

Os argumentos de Lukács e Brecht estão longe do determinismo reducionista, mas também remetem à idéia de que a arte "expressa", "espelha" ou "retrata" uma realidade que está fora dela. Mais do que isso, ela *deve* fazê-lo, pois essa realidade é opaca e desvendá-la é uma tarefa fundamental do pensamento revolucionário. Ao reconhecer essa importância, esses autores complexificam a teoria do reflexo, pois a arte não é vista como algo secundário, "apenas" uma superestrutura, mas sim como um elemento com um potencial transformador inserido no processo histórico.

Raymond Williams ressalta que nos estudos modernos que buscam relacionar arte e sociedade é possível distinguir três ênfases mais gerais: a que recai sobre as condições sociais da arte; a que enfoca o material social nas obras de arte; e a que se volta para as relações sociais nas obras de arte. A primeira ênfase procura basear-se em dados considerados vagamente como "estéticos" ou "psicológicos", tomando as condições sociais apenas como interferências que modificam o movimento da cultura humana, visto como constante, em determinados períodos da história. As análises características dessa tendência seriam plenas de abstrações e conceitos *a priori*, tais como o de "instinto estético". Na segunda ênfase, definida pelo estudo de elementos sociais em obras de arte, "os 'fatos' básicos ou a 'estrutura' básica de uma dada sociedade e/ou período são aceitos ou são estabelecidos por análise geral, e seu 'reflexo' nas obras concretas é mais ou menos diretamente identificado".

Já a terceira ênfase envolve uma percepção mais complexa, na qual a análise dos elementos sociais em obras de arte engloba o estudo das relações sociais. Assim, a idéia de reflexo é substituída pelo conceito de mediação. Nos termos do autor:

> A mediação pode referir-se primordialmente aos processos de composição necessários, em um determinado meio; como tal, indica as relações práticas entre formas sociais e artísticas .... Em seus usos mais comuns, porém, refere-se a um modo indireto de relação entre experiência e sua composição. A forma desse modo indireto é interpretada diversamente nos diferentes usos do conceito. Assim, por exemplo, o romance de Kafka, *O processo*, pode ser lido a partir de diferentes posições, como (a) mediação por projeção: um sistema social arbitrário e irracional não é diretamente descrito, ... mas sim projetado, em seus traços essenciais, como invulgar e estranho; ou (b) mediação pela descoberta de um "correlato objetivo": compõem-se uma certa situação e personagens para produzir, de forma objetiva, os sentimentos subjetivos ou concretos — uma culpa inexprimível — de que se originou o impulso para a composição; ou (c) mediação como função dos processos sociais básicos de consciência, nos quais certas crises, que de outra forma não se podem captar diretamente, são "cristalizadas" em determinadas ima-

> gens e formas de arte diretas — imagens que, então, iluminam uma condição (social e psicológica) básica: não apenas a alienação de Kafka, mas uma alienação generalizada.

A idéia de mediação problematiza a teoria do reflexo, pois pretende expressar um processo ativo. Como proposição geral, o uso do termo "mediação" aponta para o fato de que a realidade social não está refletida diretamente na arte, pois passa por um processo que altera seu conteúdo original. Trata-se de uma alternativa importante ao reducionismo que busca nos artefatos culturais o elemento primário que os conecta à "realidade concreta". Porém, Raymond Williams destaca que, ainda que supere a passividade da teoria do reflexo, a idéia de mediação quase sempre perpetua o dualismo, se não de base e superestrutura, ao menos em termos de áreas separadas, ou de níveis distintos da realidade. Para superar tal dualismo é necessário perceber que a linguagem e a significação são elementos indissociáveis do próprio processo social, envolvidos permanentemente na produção e na reprodução da vida material.

Desse modo, pode-se afirmar que a cultura é constitutiva da prática social e não o reino de idéias e valores abstratos. Essa perspectiva sobre a cultura permite suplantar tanto a posição idealista, que vê na obra de arte um universo autônomo que deve ser estudado em si, quanto uma teoria reducionista do reflexo que busca relacionar de modo direto a obra com uma suposta estrutura econômico-social que a determinaria. Portanto, uma análise com essa filiação teórica exige que se perceba a obra literária inserida num processo histórico no qual ela é parte ativa, não sendo nem uma esfera absolutamente autônoma e, tampouco, uma projeção secundária.

Sendo assim, analisar uma determinada manifestação cultural significa tomar a relação entre o objeto e seu contexto como uma interação e não como uma determinação de mão única. Da mesma maneira, deve-se estar atento, como alerta E.P. Thompson, para evitar concepções de cultura que enfatizem um suposto consenso, obscurecendo conflitos, contradições e oposições existentes no universo social. Diferentemente de uma perspectiva idealista de inspiração romântica, é preciso notar que a cultura não é uma totalidade harmônica, mas sim palco de disputas, conflitos e lutas de classe que caracterizam a sociedade como um todo.

Com base nessa ótica, pode-se dizer que a literatura não é espelho do mundo social, mas parte constitutiva desse mundo. Ela expressa visões de mundo que são coletivas de determinados grupos sociais. Essas visões de mundo são informadas pela experiência histórica concreta desses grupos sociais que as formulam, mas são também elas mesmas construtoras dessa experiência. Elas compõem a prática social material desses indivíduos e dos grupos sociais aos quais eles pertencem ou com os quais se relacionam. Nesse caso, analisar visões de mundo e idéias transformadas em textos literários supõe investigar as condições de sua produção, situando seus autores histórica e socialmente.

Artistas e intelectuais

Seguindo a linha de argumentação que está sendo desenvolvida aqui, podemos afirmar que a cultura, assim como as obras literárias, é um produto humano ordinário, inserido na dinâmica das sociedades. Essa afirmação permite romper com a concepção romântica que vê a arte e a cultura como esferas à parte da atividade humana, completamente autônomas e distanciadas da dimensão da produção material da vida e, conseqüentemente, mais elevadas, nobres e sujeitas a regras especiais de entendimento que, em geral, são vistas como da ordem da intuição e da sensibilidade, muito mais do que da análise racional. Nessa concepção, as obras de arte são tidas como expressão da individualidade e da singularidade do artista-gênio, ser humano provido de talentos e habilidades especiais, valorizados positivamente na sociedade contemporânea.

É preciso lembrar que essas idéias são relativamente recentes em termos históricos e se consolidam com a criação da estética moderna, na segunda metade do século XVIII. É o momento em que se inicia uma inversão significativa da relação público-obra-artista: ao invés de produzir para os padrões de gosto de um público que o financia, o *artista* passa a ditar o gosto. Da "arte de artesão", como diz Norbert Elias, produtora de obras com sentido coletivo e inseridas no mundo, passamos à "arte de artista". Segundo Elias, na arte de artesão era o gosto dos patronos que devia guiar a criação artística, e não a imaginação individual dos artistas. O artista não possuía autonomia na criação e esta só fazia sentido se relacionada com a coletividade, que desejava se reconhecer nas obras. Tem-se assim uma arte com "forte caráter social e fraco caráter individual". Com a democratização e a autonomização da esfera artística, surge a arte de artista. Esta é criada para um público anônimo, frente ao qual o artista poderá ter reconhecido o seu talento. Dessa forma, há uma equivalência social maior entre o artista e o comprador de arte, de modo que este tenderá a influenciar menos o trabalho daquele. O artista individual, ao contrário do artista artesão, é livre, a princípio, para expressar os seus sentimentos, o seu gosto, assim como para experimentar novas formas artísticas. Essa transição de uma arte à outra faz parte, de acordo com o autor, de um processo civilizador mais amplo, onde o artista passa a depender mais de esquemas pessoais de autocontrole do que de determinações externas à criação artística.

Enquanto Norbert Elias aponta para um ganho em termos de liberdade individual do artista nesse processo, Pierre Bourdieu chama a atenção para o fato de que, na verdade, essa autonomia criativa seria muito mais uma aparência do que a realidade do campo artístico no mundo contemporâneo. Bourdieu argumenta que essa autonomização se relaciona com a formação de uma aristocracia do gosto, importante para marcar a distinção social no momento da ascensão da civilização burguesa, quando enfraqueciam os mecanismos de distinção próprios às sociedades de corte, como os títulos de nobreza. A estética seria um discurso com pretensão de universalidade, caracterizando a arte como uma atividade desinteressada e transcendental, uma "finalidade sem fim" na acepção kantiana. Porém, Bourdieu afirma que, se a arte pode ser um fenômeno universal, a estética tem uma especificidade histórica, já que é um discurso singular sobre uma forma específica de arte, não podendo, portanto, ser universalizada. E vai mais além, pois a arte não somente não seria uma atividade desinteressada, sem um outro fim que não a si mesma, como também cumpriria um papel primordial na reprodução das hierarquias sociais no mundo herdeiro da Revolução Industrial e da Revolução Francesa: a função de distinção social.

O surgimento dessa função da obra de arte está ligado, então, a um momento histórico específico do mundo ocidental, a época moderna, quando a modernização capitalista colocava em xeque as hierarquias sociais baseadas nas linhagens e no sangue. O campo artístico acabou por cumprir a função de distinção social ao definir o que se poderia chamar de uma "nobreza do gosto"! ao mesmo tempo em que o gosto necessita de uma educação específica, sendo, portanto, adquirido, ele aparece como uma espécie de dom inato que produz uma absolutização da diferença. O "bom gosto" é visto como algo que se possui ou não e que orienta desde os paladares e as formas de se vestir até o consumo e fruição das obras de arte. O juízo estético e o gosto são categorias que se pretendem universais e absolutamente autônomas em relação ao mundo social, e o que Bourdieu busca demonstrar em suas análises é que tanto o consumo de arte quanto a criação artística são atividades como quaisquer outras, e não um universo à parte.

Em seu esforço por desvendar o fetichismo da arte nas sociedades moderno-contemporâneas, Bourdieu ataca também a idéia do indivíduo criador, visto como ser genial, espécie de mágico capaz de dar forma e sentimento à matéria. O modo pelo qual o autor procura produzir esse desencantamento do gênio é situando o artista no campo artístico de sua época, investigando as lutas e as disputas que marcavam esse campo e a posição em que o artista se encontrava frente a elas. Sem negar a liberdade de ação do indivíduo criador, Bourdieu apenas afirma que essa liberdade possui limites objetivos. Os conceitos de *habitus* e campo são centrais para entendermos essas idéias de Bourdieu.

Habitus *e campo*. O *habitus*, conjunto de disposições que pautam e dão sentido às ações dos agentes, é ao mesmo tempo uma estrutura estruturante (*modus operandi*) e uma estrutura estruturada (*opus operatum*), ou seja, ao mesmo tempo em que organiza as práticas e as percepções das práticas, é também produto da incorporação da divisão em classes sociais. Já a noção de campo "permite superar a oposição entre leitura interna e análise externa sem perder nada das aquisições e das exigências dessas duas abordagens, tradicionalmente percebidas como inconciliáveis". Para Bourdieu, as "escolhas" no âmbito da experimentação formal são ao mesmo tempo estéticas e políticas, pois o campo artístico é homólogo ao campo do poder e as obras de arte internalizam as disputas e conflitos que o permeiam. "Em razão do jogo das homologias entre o campo literário e o campo do poder ou o campo social em seu conjunto, a maior parte das estratégias literárias é sobredeterminada e muitas das 'escolhas' têm dois alvos, são a um só tempo estéticas e políticas, internas e externas."

Desse modo, a dinâmica do campo artístico é subsumida à do campo político, e a sua história é a história da luta entre ortodoxia e heresia, entre os que defendem a tradição, pois já ocupam determinadas posições vantajosas, e aqueles que querem inovar para garantir um espaço para si. Em meio a esses conflitos, a obra de arte possui uma estrutura homóloga à do espaço social em que o autor se situa. Essa disputa por capital simbólico é o móvel da mudança, que, por sua vez, é conformada pelo estado do sistema de possibilidades históricas e pelos interesses que orientam os agentes. Pode-se perceber que, para o autor, a lógica da dinâmica do campo é marcada por motivações bastante terrenas e que não têm nada de transcendental. Nas suas palavras,

> as estratégias dos agentes e das instituições que estão comprometidos nas lutas literárias ou artísticas não se definem na confrontação pura com possíveis puros; dependem da posição que esses agentes ocupam na estrutura do campo, ou seja, na estrutura da distribuição do capital específico, do reconhecimento, institucionalizado ou não, que lhes é concedido por seus pares-concorrentes e pelo grande público e que orienta sua percepção dos possíveis oferecidos pelo campo e sua "escolha" dos que se esforçarão por atualizar ou produzir. Mas, inversamente, as apostas da luta entre os dominantes e os pretendentes, as questões a propósito das quais se defrontam, as próprias teses e antíteses que eles se opõem mutuamente,

> dependem do estado da problemática legítima, isto é, do espaço das possibilidades legadas pelas lutas anteriores que tende a orientar a busca das soluções e, por conseguinte, o presente e o futuro da produção.

Da relação conjuntural entre um *habitus* e um campo historicamente definidos nasce a *illusio* específica do campo artístico. A história da produção dessa *illusio* se confunde com o processo de aquisição de uma autonomia legítima, porém relativa, do campo artístico frente aos outros campos e que permitiu a fetichização do valor da obra de arte e do poder criador do artista. A *illusio* é a crença e o investimento no jogo que produz esse fetiche.

Para Bourdieu, o jogo, ou melhor, a crença coletiva no jogo (*illusio*) é essencialmente alienante, pois mascara a dinâmica do campo, a luta movida por interesses e por disputas por capital simbólico (sempre passível de se tornar econômico). Todo campo produz sua forma específica de *illusio*, mas o problema é que os que estudam o campo artístico em geral compartilham desse jogo. Portanto, o primeiro e definitivo passo de uma ciência da obra de arte seria o de se distanciar dessa *illusio*, mas ao mesmo tempo fazer dela objeto da investigação. O objetivo da leitura sociológica seria o de romper o encanto, de desvendar a lógica do jogo e demonstrar como a relação de distinção encontra-se objetivamente inscrita, em forma e conteúdo, nos bens culturais mais sagrados e fetichizados. O jogo faz parte da realidade social, mas tem, na reflexão bourdiana, um papel semelhante ao da noção de ideologia em Marx, pois produz uma inversão ou distorção dessa mesma realidade. Trata-se então de tornar consciente essa lógica, assim como o processo histórico de sua constituição.

De toda essa argumentação de Pierre Bourdieu, o mais importante para o enfoque que está sendo proposto aqui é ter em conta que analisar obras e autores consagrados implica pensar seus próprios processos de consagração como processos históricos, que envolvem conflitos, disputas, e que não são baseados em valores universais. O fato de considerarmos *Hamlet* como um clássico diz respeito aos elementos que, ao longo do tempo, foram selecionados e valorizados por determinados grupos sociais e que fundamentaram tal consagração. Assim como os costumes, os padrões de gosto são diferentes em sociedades e em épocas distintas. Eles precisam ser desnaturalizados, um exercício de relativização por vezes bastante difícil. Para continuar com Shakespeare, como compreender seu processo de consagração sem recorrer a fórmulas pouco explicativas que atribuem isso ao fato de ele ser um gênio ou à qualidade estética insuperável de suas peças? O esforço depende de uma perspectiva antropológica que relativize os critérios que, em nossa sociedade, definem o que é considerado arte e o que não possui esse status, o que é belo e o que é feio, o que é de bom ou de mau gosto.

Assim como a arte não é algo destacado da prática social, as visões de mundo veiculadas por meio da criação literária não são elaborações de um indivíduo isolado. Elas são compartilhadas e também referidas a grupos sociais mais amplos e, nesse sentido, são coletivas. Um autor importante nessa argumentação é Lucien Goldmann. Para ele, o verdadeiro sujeito da criação literária é o sujeito coletivo, pois este expressa as necessidades e a consciência empírica de um grupo ou classe social, captando as "estruturas significativas" do processo histórico. Essa coletividade é entendida como uma complexa rede de relações interindividuais, que "fala" através do criador. Segundo Goldmann,

> a experiência de um só indivíduo é muito pequena e muito limitada para poder criar semelhante estrutura mental. Esta só pode ser o resultado da atividade conjunta de um número considerável de indivíduos, que se encontrem numa situação análoga, ou seja, que constituam um grupo social privilegiado. Indivíduos que tenham vivido muito tempo e intensamente um conjunto de problemas e que se tenham esforçado para dar-lhes uma solução significativa. Isso significa que as estruturas mentais, ou, empregando um termo mais abstrato, as estruturas categoriais significativas, não são fenômenos individuais, mas fenômenos sociais.

A partir dessa abordagem, Goldmann identifica a necessidade de se adotar uma perspectiva da criação artística que procure não coisificá-la, não torná-la uma esfera distinta e isolada por princípio das outras atividades humanas. Se os indivíduos elaboram suas visões de mundo como parte de sua experiência, que necessariamente é compartilhada com um ou mais grupos sociais, o que é transformado em literatura é algo que foi construído coletivamente. Essas formulações nos ajudam a pensar a natureza do trabalho intelectual e da categoria social dos intelectuais.

Os intelectuais e o papel da arte. Se nem todo escritor sofre um processo de consagração que o faz ser considerado um artista, é possível dizer que todos os escritores são intelectuais. Como formuladores de idéias, veiculadores dessas visões de mundo que Goldmann considera serem coletivas, os escritores exercem a função social de intelectuais.

O surgimento do termo intelectual está ligado à criação do substantivo *intelligentsia* na metade do século XIX na Rússia, o qual, ao ser difundido pelo Ocidente, passou a designar a categoria social das pessoas cultas. Ao final desse mesmo século, apareceu o termo *intellectuels* na língua francesa. Isto se dá com a publicação do "Manifeste des intellectuels", no diário *Aurore* de 14 de janeiro de 1898, assinado por escritores como Émile Zola e Marcel Proust, que defendiam a revisão do processo Dreyfus. A partir de então, a palavra intelectual ganhou um duplo sentido: à referência ao cultivo e à instrução une-se o engajamento nos debates públicos como elementos que definem essa categoria social.

Alfred Dreyfus era um capitão judeu do exército francês que, em 1894, com base em algumas evidências superficiais, foi condenado à prisão perpétua e submetido a uma cerimônia de humilhação pública, acusado de espionagem e traição. Após muitas reviravoltas no processo, influenciadas inclusive por manifestações públicas, Dreyfus seria inocentado e libertado, sendo reabilitado e tendo sua patente restituída sete anos mais tarde.

Entre as manifestações públicas em defesa de Dreyfus, a mais importante — e também a mais relevante para o argumento deste livro — foi o panfleto intitulado "Eu acuso!", assinado por Émile Zola e publicado a 13 de janeiro de 1898. Esse texto se tornou a principal expressão daqueles que na época foram chamados de *dreyfusards*, os que defendiam publicamente a inocência de Dreyfus.

Esse episódio, aparentemente apenas um caso de intriga e espionagem, mobilizou toda a opinião pública francesa, que se dividiu entre *dreyfusards* e *antidreyfusards*. A partir de 1898, o caso inspirava tumultos e batalhas nas ruas de Paris e de algumas cidades de província. Usualmente, os que acusavam Dreyfus eram identificados com a "velha França", expressão da Igreja, do Exército e da alta burguesia, enquanto que os pró-Dreyfus se filiavam à herança das revoluções francesas. Desde o final da década de 1880, esses setores da sociedade associados à velha França passaram a fazer dos judeus um alvo cada vez mais constante de campanhas difamatórias, culpando-os de traição contra a França, espécie de inimigos internos a serem combatidos. Portanto, na lógica do anti-semitismo, era natural que Dreyfus fosse apontado como o responsável por enviar segredos militares franceses ao exército inimigo.

Com a publicação do panfleto de Zola, na edição especial do jornal *L'Aurore* que vendeu 300 mil exemplares em poucas horas, os *dreyfusards* reagiram publicamente a essa visão anti-semita e a tudo que ela significava. O texto tem a forma de uma carta endereçada ao presidente da República, em que o autor acusa uma série de autoridades importantes de estarem se utilizando de Dreyfus para desviar a atenção do público de seus próprios erros, políticos e morais, e de sua incompetência. O caráter de intervenção do "Eu acuso!" e sua assinatura por um literato escrevendo na primeira pessoa marcam, simbolicamente, um tipo de relação entre literatura e política, assim como uma concepção acerca da natureza do trabalho intelectual. Essa categoria social nova que emerge nesse momento é, segundo Benoît Denis,

> um conjunto relativamente heterogêneo de atores sociais (cientistas, universitários, escritores...) que têm em comum, além de serem profissionais que trabalham no campo das idéias e dos saberes, de terem chegado, nos seus setores respectivos de atividades, a um grau suficiente de autonomia e de prestígio para reivindicar um direito de intervir nos negócios públicos. Em outros termos, o intelectual é aquele que, invocando a competência que lhe reconhecem na sua disciplina, deseja "abusar" dela para a boa causa, quer dizer, para tomar posição no debate público em nome dos valores desinteressados que orientam o seu trabalho de escritor, cientista ou professor. O intelectual tem portanto a posição do árbitro e do franco-atirador, e usa da sua posição de exterioridade com relação à esfera política para proferir uma palavra ao mesmo tempo autorizada e carismática.

O fato de os *dreyfusards* terem ganhado a batalha da opinião pública conferiu legitimidade à intervenção política específica do intelectual. No entanto, esse episódio sugere algumas questões centrais para o tema dos intelectuais. A literatura deve ser engajada, ou melhor, a criação literária deve estar submetida aos propósitos políticos dos escritores? Ou o texto literário merece ser preservado, nas suas especificidades formais e de conteúdo, dos debates públicos, que devem se expressar em escritos de outra natureza? Os intelectuais/escritores possuem uma tarefa política que ultrapassa o trabalho de produzir literatura ou é esta a sua função social primordial? Há um ponto de vista específico da camada intelectual sobre os assuntos públicos ou suas visões são informadas, entre outras coisas, por sua inserção de classe?

Um dos grandes debates que marcam o campo artístico-intelectual contemporâneo, desde pelo menos o século XIX, opõe os que defendem a "arte pela arte" e os que advogam a idéia de que a arte e a literatura devem ser atividades politicamente engajadas. Ambas as correntes desse debate são bastante heterogêneas, mas, de modo geral, podemos dizer que os primeiros acreditam que a arte é um fim em si e que a principal tarefa dos artistas e intelectuais é produzir idéias e obras no âmbito de sua competência específica, o que exclui a intervenção nos assuntos públicos. Já os que defendem o engajamento creêm que artistas e intelectuais têm a responsabilidade de assumir compromissos em relação à coletividade, ou, em outros termos, de "descobrir no coração da intenção estética um imperativo ético". Para o escritor engajado, a obra literária não é uma "finalidade sem fim", mas sim um meio de se combater por um projeto ético-político que comumente está associado a valores considerados universais, tais como justiça e liberdade.

Os que defendem o princípio da "finalidade sem fim" argumentam que, ao fazer da obra literária um meio para fins que estão fora da própria obra, o escritor engajado não faria arte, concebida como algo universal e atemporal, mas sim textos que, por não privilegiarem a dimensão estética, estariam rapidamente fadados ao esquecimento, pois não teriam nada a comunicar para as gerações futuras. Um dos exemplos históricos mais radicais dessa submissão dos aspectos formais a um fim extraliterário foi o realismo socialista soviético. Transformado no estilo artístico oficial do período stalinista, o realismo socialista pressupunha uma arte com finalidades de propaganda política que visava, entre outras coisas, promover o culto à personalidade de Stálin e evitar dissensões na sociedade.

No entanto, foram muitos os escritores que explicitamente colocaram a sua obra a serviço de tarefas políticas sem deixar de fazer da dimensão estética um aspecto fundamental da criação artística. Para permanecermos no campo do socialismo, o poeta russo Vladimir Maiakóvski, no contexto da Revolução Bolchevique de 1917, promoveu a associação entre arte de vanguarda, comprometida com experimentalismos formais, e transformação da atividade artística num meio para propagandear a revolução e defender os ideais socialistas. Em conjunto com outros artistas, Maiakóvski foi um dos mais ativos articuladores do *agit-prop*, agitação e propaganda, promovendo eventos literários, performances, encenação de peças teatrais e confecção de cartazes que, através de uma estética vanguardista, afinada com outros movimentos artísticos que floresciam na Europa naquele momento, buscavam conquistar setores da sociedade soviética para a causa revolucionária.

Outro exemplo importante é o de Bertolt Brecht. O dramaturgo alemão classificou como didáticas algumas de suas peças e teorizou sobre o efeito de estranhamento que a encenação teatral deveria causar na platéia, fazendo do combate ao nazismo e da crítica ao capitalismo motivos centrais em suas obras. Brecht defendeu que a arte deveria ter um compromisso com a verdade, denunciando as injustiças e as desigualdades, mas nunca abandonou a elaboração formal de seus escritos literários em nome do compromisso de comunicar determinados conteúdos. Ao contrário, o que a sua teoria do efeito de estranhamento mostra é que só através da elaboração da dimensão estética se poderia levar a platéia a refletir criticamente sobre a ação que se desenrolava no palco. Daí a preocupação com a forma dos diálogos, com a técnica de atuação dos atores, com o recurso à música e à poesia.

Tanto na defesa da arte engajada quanto na da "arte pela arte" existem várias visões sobre o lugar social a partir do qual os intelectuais vêem o mundo. Quando se afirma que o trabalho intelectual tem uma validade que se esgota em si mesma e que, por isso, é desinteressado, atribui-se aos literatos uma posição social que tem como premissa uma concepção idealista da cultura, que a vê como um mundo à parte, autônomo em relação à sociedade. Há outra perspectiva que procura legitimar a intervenção dos intelectuais nos debates públicos com base na afirmação de que a natureza de seu trabalho com as idéias e a sua posição social específica lhe permitiria escapar das visões parciais, marcadas por conflitos de interesses, e produzir perspectivas mais totalizantes e, poderíamos até dizer, menos alienadas. Essa visão também confere à cultura e aos seus profissionais, os intelectuais, uma grande autonomia em relação à sociedade.

No campo da sociologia dos intelectuais, as reflexões de Karl Mannheim apontam nessa direção. A tentativa de elaborar uma análise sociológica dos intelectuais fez com que esse autor, seguindo a formulação de Alfred Weber, os caracterizasse como "*intelligentsia* socialmente desvinculada". Essa relativa ausência de vínculos sociais seria fruto de um desenvolvimento histórico que fez com que o mundo das letras se tornasse progressivamente mais aberto a indivíduos oriundos de camadas sociais mais diversificadas. Por isso, seria impossível basear a análise sociológica da intelectualidade na investigação sobre as origens de classe, no sentido de lugar ocupado na produção, de seus membros.

Porém, os intelectuais não estariam acima das classes. Eles formariam uma camada intersticial, com a característica de estar equipada para encarar os problemas de sua época sob diferentes ângulos, sendo mais fluida e instável do que as outras. Em resposta aos críticos que o acusaram de defender que os intelectuais pairariam acima da sociedade, Mannheim afirma que "os intelectuais não constituem uma camada elevada acima das classes e de maneira alguma estão melhor dotados que outros grupos da capacidade de superar seus próprios vínculos de classe". Ele diz que o relativo descompromisso dos intelectuais não significa que eles são um grupo inteiramente desligado das relações de classe, e que pretendia demonstrar "simplesmente que certos tipos de intelectual têm maiores oportunidades de testar e usar as visões socialmente disponíveis e de experimentar suas incoerências".

Segundo a classificação proposta pelo marxista italiano Antonio Gramsci, haveria uma categoria de intelectual que seria o oposto dessa camada relativamente sem vínculos de que fala Mannheim: os intelectuais orgânicos. Estes seriam criados por cada grupo social, definido pelo papel que desempenha no mundo da produção econômica, com a função de dar-lhes "homogeneidade e consciência da própria função, não apenas no campo econômico, mas também no social e no político". Em contraste com os intelectuais orgânicos, sempre vinculados ao desenvolvimento histórico de classes sociais determinadas, Gramsci aponta os intelectuais tradicionais como aqueles que se consideram autônomos e independentes do grupo social dominante. Esses intelectuais tradicionais seriam mais próximos da formulação de Mannheim e, para Gramsci, seriam expressão de uma utopia social, baseada na idéia de que formariam uma camada social com características próprias, conferidas pela sua qualificação e pela coesão de seu "espírito de grupo".

Preocupado com a formação de uma nova camada intelectual, ligada ao proletariado industrial moderno,

Gramsci afirma que a distinção entre intelectuais e não-intelectuais diz respeito à função social de cada um desses grupos, e não às suas qualidades intrínsecas. Nesse sentido ampliado, todos os seres humanos são intelectuais, pois não há atividade humana que não inclua algum nível de intervenção intelectual. Porém, nem todos desempenham a *função* de intelectuais, voltada para a organização da cultura.

Em todas essas reflexões há um ponto em comum: a preocupação com a natureza das intervenções dos intelectuais nos debates públicos de sua época. Essa preocupação tem a ver com a ampliação das próprias camadas intelectuais no mundo contemporâneo. A expansão do ensino público, a crescente divisão do trabalho, o desenvolvimento dos meios de comunicação, a especialização dos campos de saber, a ampliação da burocracia estatal exigindo o recrutamento de "técnicos" de diversas áreas, todos esses são processos que geram camadas intelectuais cada vez mais amplas e diversificadas. No entanto, ainda que se reconheçam funções específicas para essas camadas intelectuais, sua autonomia é sempre relativa. Mesmo aqueles intelectuais que procuram se distanciar dos problemas mundanos e das questões políticas, vistos por eles como não relacionados ao trabalho intelectual, inevitavelmente produzem obras que são parte de uma experiência social mais ampla. Essas obras são, portanto, históricas e, a despeito das intenções de seus criadores, suas idéias vivem no terreno material das relações humanas.

A literatura e a pesquisa em ciências sociais

A partir de todas essas discussões, como podemos propor métodos para o uso da literatura em pesquisas no campo das ciências sociais? Como se pode construir um enfoque que, embora dependa das contribuições de outras áreas, como a teoria literária ou mesmo a lingüística, seja específico da história, da sociologia ou da antropologia?

De modo geral, pode-se afirmar que há duas maneiras mais freqüentes de se trabalhar com a literatura nessa área. Numa delas, o pesquisador utiliza os textos literários como um tipo de fonte, entre vários outros, para desenvolver um determinado tema. Entre a multiplicidade de caminhos possíveis, podemos citar como exemplo clássico uma pesquisa que investigue o impacto das reformas urbanas empreendidas pelo prefeito Pereira Passos no Rio de Janeiro para a vida das classes trabalhadoras, em inícios do século XX, incluindo no *corpus* documental crônicas de escritores da época, como João do Rio e Lima Barreto, que expuseram as suas idéias sobre esse processo. Nesse caso, a obra literária e seu autor não são o foco principal da pesquisa. Embora esse não seja o tipo de uso que mais interessa desenvolver aqui, valem para ele todas as considerações acerca da relação entre literatura e sociedade que foram feitas anteriormente. Se o texto literário possui especificidades, tais como o recurso à ficção e o experimento com a linguagem, por outro lado ele exige o tratamento dispensado às outras fontes primárias. Dizendo de outro modo, é preciso situar histórica e sociologicamente autores e obras, definindo o lugar social de onde elas eram escritas, em que veículos eram publicadas, quem era o público a quem o autor se dirigia, quem eram seus interlocutores, com quem ele polemizava etc. Os olhares desses escritores sobre a sua sociedade e sobre os debates públicos mais importantes de sua época precisam ser contextualizados.

Outra maneira de se trabalhar com a literatura no campo das ciências sociais é fazer da própria criação literária o objeto de investigação. Também nesse caso há vários caminhos possíveis: o estudo de movimentos literários, a análise de instituições de literatos (como as Academias de Letras), a história de obras específicas (sua produção e/ou recepção), a investigação de redes de escritores, o estudo da trajetória de um determinado autor e suas obras, de temas específicos em um ou mais autores (por exemplo, as relações de gênero na dramaturgia de Nelson Rodrigues ou nos romances de José de Alencar), entre outros.

Se a questão da autoria é particularmente relevante quando se trata de fontes literárias, o cientista social que se dedica a investigar autores específicos, em especial os consagrados, precisa tomar alguns cuidados. A valorização da "arte de artista" no mundo contemporâneo, como vimos, superdimensiona o papel do indivíduo na criação literária. Como conseqüência disso, às vezes há a tendência de se considerar os dados biográficos do autor como a chave principal para a interpretação de suas obras. É claro que estudar as obras de um autor requer que se procure informações sobre a sua trajetória pessoal; no entanto, essas informações são apenas um elemento, entre vários outros, que informa a investigação.

Com isso, é possível se distanciar de interpretações excessivamente psicologizantes, que poderiam buscar nos episódios das histórias de vida dos literatos a fonte privilegiada para a elucidação de suas obras. Isso reforçaria ainda mais a idéia de que estas são expressões de uma individualidade, de um gênio singular, e não, como nos interessa mais, frutos de valores, idéias e experiências que são compartilhados socialmente e que se opõem aos valores, idéias e experiências produzidos por outros coletivos. A análise de dados referentes às vidas privadas dos autores é importante, em especial no caso de estudos biográficos, mas insuficiente para uma abordagem que perceba nas obras literárias e no seu processo de criação um fenômeno cultural complexo.

Outra dificuldade que decorre do estudo de obras literárias de um determinado autor é o que Bourdieu denominou "ilusão biográfica". Ele define a biografia como um relato construído como um todo com sentido. Essa construção, assim como a narrativa histórica, envolve uma seleção mais ou menos consciente dos eventos que devem constar no relato, de modo que ele tenha coerência e unidade. A coerência e a unidade do eu são vistas como correlatas à unidade do todo social, expressando dessa forma a valorização do indivíduo nas sociedades ocidentais. Mas a biografia também deve ter um sentido que, assim como a coerência, seja uma construção *a posteriori* e torne possível a identificação de um projeto que norteia as trajetórias individuais. A ilusão que se produz é de que a história de vida do indivíduo aponta para um determinado sentido, e também para uma determinada significação, desenvolvendo-se linearmente em uma direção. Mas, na verdade, a relação é inversa, pois, sendo o relato biográfico uma construção, é ele que organiza a história de vida e busca dar-lhe significado. Trata-se, portanto, de uma criação artificial de sentido. Assim, às vezes acabamos priorizando na trajetória de vida de um escritor todos os fatos que confirmam a sua vocação literária, ou tudo aquilo que, à luz de sua obra, parece ser mais relevante. Muitas vezes isso também contribui para que se perceba autor e obra como um bloco monolítico, sem levar em consideração que suas idéias e sua visão de mundo, assim como a sua posição no campo intelectual, são reelaboradas ao longo de sua trajetória.

Em pelo menos dois sentidos, analisar o processo de criação literária requer um exercício antropológico. É preciso entender a lógica das visões de mundo, dos juízos de valor e das opiniões políticas que os escritores elaboram em seus textos. Concordemos ou não com suas idéias, explicá-las depende do reconhecimento de uma estrutura de argumentação, que pode ser mais ou menos coerente, mas que é constitutiva do que Clifford Geertz chamaria de "ponto de vista nativo". Assim podemos evitar rótulos, prejulgamentos, classificações rígidas que, por vezes, obscurecem contradições e ambigüidades que, incorporadas à pesquisa, a tornam mais enriquecedora.

Esse procedimento também impede que se assuma de maneira irrefletida um senso comum acerca de autores e obras, elaborado a partir de uma divulgação, de certo modo simplificadora, do trabalho da crítica literária. Para tomar o exemplo de Nelson Rodrigues, é recorrente a afirmação de que existem dois nelsons. Um, o dramaturgo revolucionário e genial, e o outro, um cronista reacionário que apoiava o regime militar. Superar essa dicotomia requer que se pense o autor e sua obra como um conjunto dinâmico, que se transforma ao longo do tempo, e que é marcado por contradições constitutivas. Ter em conta essa complexidade do objeto da análise é parte fundamental da elaboração de um olhar antropológico sobre a criação literária.

Esse exercício antropológico deve voltar-se também para a compreensão de padrões estéticos e de gosto muitas vezes radicalmente diferentes dos atuais. Uma vez que esses padrões tendem a ser naturalizados e que no texto literário forma e conteúdo são indissociáveis, possíveis juízos estéticos devem ser evitados como elementos analíticos. A grandiloqüência de muitas poesias de Castro Alves, por exemplo, pode estar muito longe do que os padrões atuais definem como boa poesia, parecendo a nós algo estranho, exagerado ou, por vezes, ingênuo. No entanto, devemos saber que essas poesias eram feitas para a declamação, o que lhes confere certa especificidade em relação às poesias escritas para serem lidas. Do mesmo modo, o que alguns críticos literários consideram imperfeições formais ou equívocos estéticos, da perspectiva do cientista social são elementos que poderiam ter outro sentido na época, ou no contexto social, em que os textos foram escritos. Nesse caso, para escapar de anacronismos e etnocentrismos, convém lembrar que os padrões de gosto e os juízos estéticos, por mais consolidados e aparentemente imutáveis que nos pareçam, são históricos, e não universais.

Considerações finais

O que apresentei aqui foi uma reflexão inspirada em determinadas opções teóricas e metodológicas que considero relevantes para a pesquisa sobre criação literária, sob o ponto de vista das ciências sociais. Essa perspectiva tende a privilegiar a análise das obras e dos autores em seus contextos, muito mais do que o estudo específico dos aspectos formais dos textos literários.

Meu objetivo não foi o de oferecer fórmulas de trabalho prontas ou respostas definitivas às questões propostas, mas sim o de estimular novos questionamentos. Mesmo para quem não pretende desenvolver pesquisas com literatura, o contato com os problemas suscitados pode ser intelectualmente, e existencialmente, interessante, pois, como diz Umberto Eco, as obras literárias têm o fascinante poder de nos colocar "diante das ambigüidades, da linguagem e da vida".

Referências e fontes

Sobre a relação entre literatura e política após 1848 ver, de Benoît Denis, *Literatura e engajamento* (Bauru, Edusc, 2002). Do mesmo livro foram retiradas as citações das páginas 36 e 37 (op.cit., p.210 e 34-5, respectivamente).

A obra de Norbert Elias a que me refiro nas páginas 11-14 é *O processo civilizador* (Rio de Janeiro, Jorge Zahar, 1990, vol.1), e nas páginas 26-7, *Mozart: Sociologia de um gênio* (Rio de Janeiro, Jorge Zahar, 1995).

As afirmações nas páginas 14 e 15 são de Raymond Williams e foram reproduzidas de *Marxismo e literatura*, de onde provém também a reflexão mencionada às páginas 18-19 (Rio de Janeiro, Zahar, 1979, p.19, 23 e 25 respectivamente). De seu livro *Cultura* são as citações das páginas 23-4 (Rio de Janeiro, Paz e Terra, 1992, p. 23-4).

Para a discussão da página 16 ver também Denys Cuche, *A noção de cultura nas ciências sociais* (Bauru, Edusc, 1999).

Para uma síntese da argumentação das páginas 20-1 ver *Dicionário do pensamento marxista* (Rio de Janeiro, Jorge Zahar, 1988).

A expressão de Brecht citada na página 21 foi retirada de Carlos Eduardo Jordão Machado, *Um capítulo da história da modernidade estética: Debate sobre o expressionismo* (São Paulo, Unesp, 1998, p.240).

A obra de E.P. Thompson mencionada na página 25 é *Costumes em comum* (São Paulo, Companhia das Letras, 1998).

As afirmações de Pierre Bourdieu que aparecem nas páginas 29 e 30-1 foram retiradas de *As regras da arte* (São Paulo, Companhia das Letras, p.234 e 235, respectivamente). O texto do mesmo autor a que me refiro na página 45 é "A ilusão biográfica" (in Ferreira, Marieta de Moraes e Janaína Amado (orgs.). *Usos e abusos da história oral.* Rio de Janeiro, FGV, 1996, p.183-91).

A citação de Lucien Goldmann que está na página 33 foi reproduzida de "Um estudo sociológico do teatro de Genet" (in Velho, Gilberto (org.), *Sociologia da arte.* Rio de Janeiro, Zahar, 1969, vol. IV, p.65).

As informações sobre as origens do termo "intelectuais" que estão na página 34 foram retiradas de Norberto Bobbio e outros, *Dicionário de política* (Brasília, UnB, 1991, p.637.)

Sobre o caso Dreyfus consultei Richard Sennet, *O declínio do homem público* (São Paulo, Companhia das Letras, 1988).

Os textos de Karl Mannheim aos quais me refiro nas páginas 40-1 são, respectivamente, *Ideologia e utopia* (Rio de Janeiro, Zahar, 1976) e "O problema do intelectual" (in Foracchi, Marialice Mencarini (org.), *Karl Mannheim.* São Paulo, Ática, col. Grandes Cientistas Sociais, 1982, p.101-6).

A frase de Gramsci citada na página 41 foi reproduzida de *Os intelectuais e a organização da cultura* (São Paulo, Círculo do Livro, s.d., p.7).

Leituras recomendadas

- BENJAMIN, Walter. *Charles Baudelaire: Um lírico no auge do capitalismo* (São Paulo, Brasiliense, 1991). O pensador marxista, judeu alemão perseguido pelo nazismo, fez de seu estudo sobre Baudelaire parte de uma obra maior intitulada *Trabalho das passagens*. Através dos escritos e da trajetória de Baudelaire, analisa as transformações no cenário urbano parisiense de meados do século XIX, relacionando a literatura com a experiência da mercantilização da vida gerada pelo capitalismo.
- CANDIDO, Antonio. *Formação da literatura brasileira: Momentos decisivos* (Belo Horizonte, Itatiaia, 1981). Referência indispensável para quem trabalha com literatura brasileira, tanto pela análise das obras quanto pelos conceitos (por exemplo, a literatura como sistema ou a literatura brasileira definida como "empenhada") elaborados pelo autor, um dos mais importantes críticos literários do país.
- EAGLETON, Terry. *Teoria da literatura: Uma introdução* (São Paulo, Martins Fontes, 2003). Nessa obra de síntese, o autor faz uma exposição didática das principais teorias literárias, apresentando de forma clara temas complexos como semiótica, lingüística e estruturalismo, entre outros.
- ELIAS, Norbert. *Mozart: A sociologia de um gênio* (Rio de Janeiro, Jorge Zahar, 1994). Traz uma importante discussão

sobre a transformação da arte de artesão em arte de artista no mundo contemporâneo. Com base em referências freudianas, o autor relaciona a trajetória de vida de Mozart e seu processo de criação artística com a posição social do artista em sua época.

• GOLDMANN, Lucien. *Sociologia do romance* (Rio de Janeiro, Paz e Terra, 1967). Reúne vários ensaios do autor marxista, infelizmente um tanto esquecido hoje no Brasil. Goldmann defende a idéia de que as visões de mundo que se expressam nas obras literárias não são produto da consciência individual de seus autores, mas sim elaborações de uma coletividade.

• GRAMSCI, Antonio. *Cadernos do cárcere* (Rio de Janeiro, Civilização Brasileira, 6 vols., 1999-2002). Uma referência clássica para o tema proposto aqui. Escritos pelo pensador marxista italiano durante o período em que ficou preso sob o fascismo, os cadernos trazem a riqueza das idéias de Gramsci, em especial suas formulações acerca da cultura e dos intelectuais.

• HAUSER, Arnold. *História social da arte e da literatura* (São Paulo, Martins Fontes, 1998). O autor húngaro-britânico de filiação marxista defende nesse livro a idéia de que os problemas de cultura e literatura são fundamentalmente sociológicos. Resultado de 30 anos de trabalho, a obra foi lançada nos anos 1950 e abrange desde a pré-história até a "era do filme". Os capítulos sobre a literatura no século XIX são particularmente importantes.

• KUPER, Adam. *Cultura: A visão dos antropólogos* (Bauru, Edusc, 2002). O antropólogo sul-africano faz uma crítica ao culturalismo norte-americano, sob o ponto de vista da tradição da antropologia social britânica, analisando as obras e trajetórias de Clifford Geertz, Marshall Sahlins e David Schneider.

- JAMESON, Fredric. *Marxismo e forma: Teorias dialéticas da literatura no século XX* (São Paulo, Hucitec, 1998). O crítico literário norte-americano discute as teorias de Lukács, Adorno, Benjamin, Marcuse, Sartre e Ernst Bloch para, em seguida, elaborar suas próprias observações acerca da crítica literária, sob uma perspectiva dialética.
- LUKÁCS, György. *A teoria do romance: Um ensaio histórico-filosófico sobre as formas da grande épica* (São Paulo, Duas Cidades/Ed. 34, 2000). Um dos trabalhos mais importantes do teórico húngaro, redigido entre 1914 e 1915, antes de sua adesão ao marxismo. Embora tenha sido renegado por seu autor, o livro é considerado um marco na estética contemporânea. Nele, Lukács define o romance como "a epopéia da era burguesa".

Alguns exemplos de pesquisas na área de ciências sociais sobre literatura e literatos: FACINA, Adriana. *Santos e canalhas: Uma análise antropológica da obra de Nelson Rodrigues* (Rio de Janeiro, Civilização Brasileira, 2004); CHALHOUB, Sidney. *Machado de Assis historiador* (São Paulo, Companhia das Letras, 2003); SEVCENKO, Nicolau. *Literatura como missão* (São Paulo, Companhia das Letras, 2004). A partir das diferentes abordagens e problemáticas desenvolvidas pelos autores, temos uma amostra de algumas possibilidades oferecidas por esse tipo de pesquisa.

Obras fundamentais, mas infelizmente esgotadas, são: BAKHTIN, Mikhail. *A cultura popular na Idade Média e no*

Renascimento: O contexto de François Rabelais (São Paulo/ Brasília, Hucitec/UnB, 1993. Defende que só se pode compreender a obra de Rabelais a partir de sua relação com a cultura popular da época, embasando uma visão de mundo relativista e de caráter subversivo, em que o riso tinha papel fundamental); BOURDIEU, Pierre. *As regras da arte* (São Paulo, Companhia das Letras, 1996. Propõe uma análise do campo artístico-intelectual que dessacralize a criação artística e questione a idéia de indivíduo criador; exemplificando, elabora um estudo sobre Flaubert); THOMPSON, E.P. *Costumes em comum: Estudos sobre a cultura popular tradicional* (São Paulo, Companhia das Letras, 1998. Uma crítica ao uso da noção de cultura que privilegia uma visão harmônica da sociedade, em detrimento dos conflitos e contradições que a constituem. Defende que havia, na Grã-Bretanha do século XVIII, uma cultura plebéia que usava os costumes como instrumento de resistência às transformações sociais geradas pelo capitalismo); VELHO, Gilberto (org.). *Sociologia da arte* (Rio de Janeiro, Zahar, 1969. Coleção pioneira no tratamento do tema, com textos fundamentais de Brecht, Lukács, Lucien Goldmann, Howard S. Becker, entre outros); WILLIAMS, Raymond. *Marxismo e literatura* (Rio de Janeiro, Zahar, 1979. Discute conceitos como literatura, linguagem e cultura, buscando se distanciar tanto da perspectiva idealista, quanto de um materialismo mecânico. Traz excelente discussão sobre a teoria do reflexo e suas implicações).

Sobre a autora

Sou doutora em antropologia pelo Museu Nacional e professora do Departamento de História da Universidade Federal Fluminense (UFF), onde há algum tempo leciono a disciplina História e Literatura. É na sala de aula que me realizo como profissional e como ser humano, aprendendo cotidianamente com meus alunos e alunas. De certa forma, este livro acabou se tornando uma espécie de síntese das discussões que são desenvolvidas no curso.

Tenho publicado, entre outros, *Santos e canalhas: Uma análise antropológica da obra de Nelson Rodrigues* (Rio de Janeiro, Civilização Brasileira, 2004).

Porém o mais importante é que tenho a sorte de ser a mãe da Giulia, de conviver de pertinho com o João e de ser casada com Marcelo. É com eles que renovo a minha alegria de viver e a minha esperança de que um outro mundo, igualitário e justo, é possível.

Coleção **PASSO-A-PASSO**

Volumes recentes:

CIÊNCIAS SOCIAIS PASSO-A-PASSO

O negócio do social [40], Joana Angélica Barbosa Garcia

Origens da linguagem [41], Bruna Franchetto e Yonne Leite

Antropologia da criança [57], Clarice Cohn

Patrimônio histórico e cultural [66], Pedro Paulo Funari e Sandra de Cássia Araújo Pelegrini

Antropologia e imagem [68], Andréa Barbosa e Edgar T. da Cunha

Antropologia da política [79], Karina Kuschnir

Sociabilidade urbana [80], Heitor Frúgoli Jr.

Pesquisando em arquivos [82], Celso Castro

Cinema, televisão e história [86], Mônica Almeida Kornis

FILOSOFIA PASSO-A-PASSO

Estética [63], Kathrin H. Rosenfield

Filosofia da natureza [67], Márcia Gonçalves

Hume [69], Leonardo S. Porto

Hannah Arendt [73], Adriano Correia

Schelling [74], Leonardo Alves Vieira

Niilismo [77], Rossano Pecoraro

Kierkegaard [78], Jorge Miranda de Almeida e Alvaro L.M. Valls

Filosofia da biologia [81], Karla Chediak

Ontologia [83], Susana de Castro

John Stuart Mill & a liberdade [84], Mauro Cardoso Simões

Filosofia da história [88], Rossano Pecoraro

Teoria do conhecimento [91], Alberto Oliva

PSICANÁLISE PASSO-A-PASSO

Psicanálise com crianças [75], Teresinha Costa

Feminino/masculino [76], Maria Cristina Poli

Cinema, imagem e psicanálise [85], Tania Rivera

Trauma [87], Ana Maria Rudge

Édipo [89], Teresinha Costa

A psicose [90], Andréa M.C. Guerra

A angústia [92], Sonia Leite

Educação e psicanálise [93], Rinaldo Voltolini

Os outros em Lacan [94], Antonio Quinet

A paixão [95], Marcus André Vieira

Histeria: o caso Dora [96], Nadiá Paulo Ferreira e Marcus Alexandre Motta